BEI GRIN MACHT SICH IHR WISSEN BEZAHLT

AF143511

- Wir veröffentlichen Ihre Hausarbeit, Bachelor- und Masterarbeit

- Ihr eigenes eBook und Buch - weltweit in allen wichtigen Shops

- Verdienen Sie an jedem Verkauf

Jetzt bei www.GRIN.com hochladen und kostenlos publizieren

GRIN

Andreas Schutt

Entwicklung eines Suchalgorithmus für das Information Retrieval

GRIN Verlag

Bibliografische Information der Deutschen Nationalbibliothek:

Die Deutsche Bibliothek verzeichnet diese Publikation in der Deutschen National-
bibliografie; detaillierte bibliografische Daten sind im Internet über http://dnb.d-
nb.de/ abrufbar.

Impressum:

Copyright © 2005 GRIN Verlag GmbH
Druck und Bindung: Books on Demand GmbH, Norderstedt Germany
ISBN: 978-3-638-91121-4

Dieses Buch bei GRIN:

http://www.grin.com/de/e-book/85243/entwicklung-eines-suchalgorithmus-fuer-
das-information-retrieval

GRIN - Your knowledge has value

Der GRIN Verlag publiziert seit 1998 wissenschaftliche Arbeiten von Studenten, Hochschullehrern und anderen Akademikern als eBook und gedrucktes Buch. Die Verlagswebsite www.grin.com ist die ideale Plattform zur Veröffentlichung von Hausarbeiten, Abschlussarbeiten, wissenschaftlichen Aufsätzen, Dissertationen und Fachbüchern.

Besuchen Sie uns im Internet:

http://www.grin.com/

http://www.facebook.com/grincom

http://www.twitter.com/grin_com

FOM
Fachhochschule für Oekonomie & Management
Essen

Berufsbegleitender Studiengang zum
Dipl. Wirtschaftsinformatiker (FH)
6. Semester

Seminararbeit im Schwerpunktfach
Betriebsinformatik III

Entwicklung eines Suchalgorithmus für das Information Retrieval

Andreas Schutt

Essen, den 15. Juni 2005

Inhaltsverzeichnis

Abbildungsverzeichnis

Tabellenverzeichnis

Algorithmus-Implementierungen

1   Einleitung

Diese Seminararbeit beschäftigt sich mit dem Thema der Algorithmen für die Anwendung in der Informatik, im Speziellen mit Suchalgorithmen für Textvergleiche im Rahmen des Information Retrieval.

Durch die rasante Entwicklung und Verbreitung der Informationstechnologie, vor allem im Bereich der Massenspeicher und der weltweit geschaffenen Kommunikationsinfrastruktur des Internets, ist die Menge an direkt oder indirekt zugänglichem Wissen überproportional gestiegen.[1] Um von der stetig wachsenden Anzahl an verfügbaren Informationen in den Wissensdatenbanken zu profitieren, besteht die Notwendigkeit die verfügbaren Datenbestände in geeigneter Form verwalten und die gewünschten Informationen kontextbezogen schnell wieder finden zu können. Daher müssen die Datenbestände systematisch und schnell durchsucht werden, wofür unterschiedliche Algorithmen zum Einsatz kommen.

Um den Leser zuerst in die Thematik einzuführen, wird vorab das Gebiet der Algorithmen im Allgemeinen aufgearbeitet. Im Rahmen des folgenden Kapitels sollen daher die grundlegenden Kenntnisse und Methoden vermittelt und so eine gemeinsame Wissensbasis für das Verständnis der Implementierung des zu entwickelnden Suchalgorithmus zur Bestimmung der Affinität von Texten geschaffen werden.

Anschließend werden einige Ansätze von für das Information Retrieval geeignete Suchalgorithmen diskutiert und letztlich die Implementierung des zu entwickelnden Suchalgorithmus vorgestellt.

---

[1] Vgl. Ferber, R. (Hrsg.) (2003), http://information-retrieval.de/, Stand: 22.03.2005

2   Einführung in Algorithmen

Ziel dieses Abschnitts ist es, dem Leser einen kurzen Überblick in die verschiedenen Paradigmen von Computer-Algorithmen sowie deren Funktionsweise und Verwendung zu geben.

Zur Aufarbeitung der Thematik bedient sich diese Arbeit dabei vor allem zweier Standardwerke im Bereich der algorithmischen Computerprogrammierung. Dies ist zum einen das für eine Vielzahl verschiedener Programmiersprachen veröffentlichte Buch „Alogrithmen in C" von Robert Sedgewick, das aufgrund seines Lehrbuchcharakters inhaltlich und hinsichtlich der Vorgehensweise als Orientierung diente sowie der dritte Band des Werkes „The Art of Computer Programming" von Donald E. Knuth, welcher sich im Speziellen mit Such- und Sortieralgorithmen befasst.

Um den Einstieg in das Thema zu erleichtern, sollen nach der folgenden Begriffs- definition die Grundlagen zur Beurteilung und Charakterisierung von Algorithmen geschaffen werden. Anschließend werden zu den gegenwärtig bedeutendsten Einsatzgebieten von Algorithmen repräsentative Beispiele gegeben und diese kurz erläutert.

Dabei wird der Fokus auf die praktischen Anforderungen und Anwendungs- möglichkeiten von Algorithmen gelegt und nicht mehr als nötig theoretisches Grundwissen auf Basis idealisierter Rahmenbedingungen vermittelt. Da es sich lediglich auf eine Einführung in dieses Gebiet handelt, ist somit auch kein Anspruch auf Vollständigkeit gegeben und bedürfte des eingehenden Studiums bspw. der oben erwähnten und einschlägigen Fachliteratur.

Grundkenntnisse der Programmierung in einer objekt-orientierten Programmier- sprache werden im Folgenden vorausgesetzt.

2.1 Algorithmus-Definition

"Each algorithm not only computes the desired answers to a numerical problem, it also is intended to blend well with the internal operations of a digital computer."[2]

Der Begriff „Algorithmus" beschreibt in der Informatik einen schematischen Lösungsweg, der mit einer endlichen Folge von Anweisungen zu dem gewünschten Ergebnis führt. Diese Definition impliziert für einen Algorithmus dessen

- Determiniertheit (ein Algorithmus liefert bei gleicher Ausgangssituation reproduzierbare Ergebnisse),
- Diskretheit (ein Algorithmus besteht aus genau n Verarbeitungsschritten),
- Eindeutigkeit (jeder Verarbeitungsschritt eines Algorithmus ist klar definiert) und
- Endlichkeit (ein Algorithmus endet nach endlich vielen Verarbeitungsschritten).

Aus der Sicht der Programmierung besteht ein Algorithmus aus zwei grundlegenden Strukturelementen. Einerseits aus einer Rechenanweisung, die die auszuführende Operation beschreibt und andererseits aus einer bedingten Sprunganweisung, welche das Verhalten des Algorithmus beim Eintreten eines bestimmten Zustandes definiert.

2.2 Algorithmenanalyse

Zur Auswahl und Beurteilung von Algorithmen wird die benötigte Zeit untersucht, „die ein Programm im durchschnittlichen [günstigsten] Fall bei typischen Eingabedaten … [und] im ungünstigsten Fall bei der denkbar ungünstigsten Konfiguration der Eingabedaten"[3] benötigt.

Die Untersuchung der Zeitkomplexität der Ausführung eines Algorithmus hängt zum einen von seiner Struktur und zum anderen von der Performanz der zugrunde liegenden Hardware-Infrastruktur sowie der Zusammensetzung der Eingabedaten ab.

Eine Analyse hinsichtlich der Geschwindigkeit der Ausführung der Rechenanweisungen seitens der Hardware-Ressourcen gestaltet sich allerdings schwierig, weil vor allem bei Einsatz aktueller Multitasking-Plattformen durch die

---

[2] Knuth, D. (2002a), S. IX
[3] Sedgewick, R. (1992), S. 93

Ressourcenteilung keine exakte Aussage zur benötigten Zeit für die Ausführung genau einer Programm-Anweisung getroffen werden kann.

Der unterschiedliche Aufbau eines jeden Algorithmus bedingt ebenfalls ein sehr unterschiedliches Verhalten bei identischen Eingabedaten. So läuft ein Algorithmus „bei einer bestimmten Art von Eingabe[datenkonstellationen] effizienter ab"[4] als ein anderer und erschwert somit ebenfalls die Vergleichbarkeit von Algorithmen hinsichtlich ihrer Laufzeiten.

Trotz dieser Probleme bei der Algorithmenanalyse ist es dennoch in vielen Fällen möglich, eine präzise Vorhersage über die Leistungsfähigkeit von Computer-Algorithmen zu treffen und sie entsprechend zu klassifizieren.

2.3   Klassifikation von Algorithmen

Für gewöhnlich hängt die Zeitkomplexität von Algorithmen maßgeblich von der Anzahl der zu verarbeitenden Datenelemente N ab. Die meisten Algorithmen können zu einer der folgenden Funktionen hinsichtlich ihrer Laufzeit durch ein konstantes Vielfaches beschrieben werden:

1   Die Laufzeit des Algorithmus ist konstant zu der Anzahl der übergebenen Datenelemente. Dies repräsentiert den Idealfall.

$\log N$ Die Laufzeit des Algorithmus ist logarithmisch, nimmt also bei einer steigenden Anzahl von Datenelementen unterproportional zu. Dieses Verhalten deutet auf einen Algorithmus hin, der nach der Top-Down-Methode die Komplexität eines Problems bis zu einem gewissen Grad auf einfachere Teilaufgaben reduziert.

N Die Laufzeit des Algorithmus ist linear abhängig von der Anzahl der Datenelemente; d.h. wenn N sich verdoppelt, verdoppelt sich auch die Laufzeit.

$N \log N$ Die Laufzeit des Algorithmus verhält sich „linear-logarithmisch" zu N. Wie bei den logarithmischen Algorithmen arbeitet diese Algorithmen-Klasse ebenfalls nach der Top-Down-Strategie, wobei die Teilprobleme unabhängig voneinander bearbeitet werden und dann in Kombination die Lösung ergeben.

---

[4] Sedgewick, R. (1992), S. 94

$N \log^2 N$ Die Laufzeit dieser Algorithmen-Klasse liegt zwischen den Laufzeiten $N \log N$ und N^2, wobei bei einer großen Zahl an Datenelementen eher gegen $N \log N$ tendieren. Die Funktionsweise diese Algorithmen beruht auf einer zweistufigen Zerlegung der Aufgabe in Teilprobleme.

N^2 Die Laufzeit des Algorithmus ist quadratisch abhängig von der Anzahl der Datenelemente. Typischerweise verwenden diese Algorithmen zwei ineinander verschachtelte Schleifen zur Lösung des Problems und finden in der Praxis aufgrund ihrer relativ langen Laufzeiten nur bei „kleinen" Problemen Anwendung.

N^3 Die Laufzeit des Algorithmus ist kubisch abhängig von der Anzahl der Datenelemente. Hier bilden drei verschachtelte Schleifen die Struktur des Algorithmus und bedingen sehr hohe Laufzeiten.

2^N Algorithmen mit exponentieller Laufzeit sind meist für praktische Anwendungen ungeeignet, da sich bei jeder Verdopplung von N die Laufzeit quadriert.[5]

Neben der Zeitkomplexität ist der am häufigsten untersuchte Aspekt von Algorithmen deren Platzkomplexität, die den minimalen Speicherbedarf eines Algorithmus zur Lösung eines Problems angibt.

Dabei wird die Skalierbarkeit des Algorithmus geprüft, in dem der Speicheraufwand in Abhängigkeit von der Datenmenge analysiert wird.

2.4   Optimieren von Algorithmen

Ziel eines jeden Entwicklers von Computer-Algorithmen ist es, einen möglichst effizienten Algorithmus zur Lösung einer spezifischen Problemstellung zu implementieren; dies ist natürlich in der Praxis im Zusammenhang mit dem mit der Implementierung verbundenen Aufwand und den gestellten Anforderungen evtl. zu relativieren. Um jedoch einen möglichst optimalen[6] Algorithmus zu programmieren, gibt es einige Grundsätze an denen sich der Programmierer bei der Implementierung orientieren sollte. So ist die „innere/innerste Schleife" des Algorithmus möglichst effizient zu implementieren, da sie während der iterativen oder rekursiven Lösung des

---

[5] Sedgewick, R. (1992), S. 96ff
[6] Einen optimalen Algorithmus gibt es nicht – Vgl. ders. (1992), S. 113

Problems ständig bzw. am häufigsten aufgerufen bzw. durchlaufen wird und somit die in ihr enthaltenen Befehle die meiste Rechenzeit beanspruchen. Daher gilt es zum einen, diese Befehle hinsichtlich ihrer Anzahl zu minimieren. Zum anderen müssen die Programmanweisungen auch hinsichtlich ihrer Semantik optimiert werden. Dabei sollten zum Beispiel mathematische Berechnungen so weit wie möglich vereinfacht, die Anzahl der Schleifen bzw. Schleifendurchläufe reduziert sowie Prozedur- bzw. Methoden-Aufrufe vermieden und deren Code direkt implementiert werden. Des Weiteren ist die Struktur bzw. das Verfahren der Implementierung zu überprüfen, da eine iterative Implementierung eines Algorithmus einer möglicherweise leichter verständlicheren rekursiven Lösung aus Performanz-Gründen vorzuziehen ist.

2.5   Beispiele für die Optimierung von Algorithmen

Um die eben erwähnten algorithmenspezifischen Verbesserungsmöglichkeiten zu verdeutlichen, sollen hier anhand einiger Beispiel-Implementierungen mögliche Optimierungen diskutiert werden.

2.5.1   Algorithmen-Optimierung auf semantischer Ebene

Der nun folgende Algorithmus ermittelt alle möglichen Variablen-Kombinationen der Gleichung $n = a + b + c$ für ein gegebenes Ergebnis n unter der Annahme, dass alle Variablen lediglich positive ganze Zahlen repräsentieren.

Das folgende Code-Fragment zeigt die anfängliche nicht-optimierte Version des Algorithmus zur Lösung der beschriebenen Aufgabe:

```java
public static Vector equationValues (int n){

    Vector equation = new Vector();

    for (int a = 0; a < n; a++){
        for (int b = 0; b < n; b++){
            for (int c = 0; c < n; c++){
                if (a + b + c == n)
                    equation.add(n + "=" + a + "+" + b + "+" + c);
            }
        }
    }
    return equation;
}
```

Implementierung 1 – equationValues (nicht-optimierte Version)

Der Algorithmus spielt alle potentiellen Variablen-Ausprägungen durch, indem er über drei ineinander verschachtelte For-Schleifen alle Summanden für die Werte von 0 bis n durchläuft und prüft, ob die Gleichung erfüllt ist und die Werte-Kombination ggf. abspeichert.

Somit handelt es sich hier vom Laufzeitverhalten her um einen kubischen Algorithmus (vgl. Kapitel 2.3 Klassifikation von Algorithmen).

Der nachfolgende Quellcode-Auszug bildet eine optimierte Variation des zuvor vorgestellten Algorithmus ab:

```java
public static Vector equationValuesOptimized (int n){

    Vector equation = new Vector();
    int c = 0;

    for (int a = 0; a < n; a++){
        for (int b = 0; b < n; b++){
            c = n - (a + b);

            if ((a + b + c == n) && (c >= 0))
                equation.add(n + "=" + a + "+" + b + "+" + c);
        }
    }

    return equation;
}
```

Implementierung 2 – equationValues (erste optimierte Version)

In dem vorliegenden optimierten Code-Fragment wurde gegenüber dem nicht-optimierten Algorithmus die innerste Schleife durch eine Variablen-Zuweisung und erweiterte Bedingung ersetzt bzw. ergänzt. Dadurch reduziert sich die Anzahl der Verarbeitungsschritte des Algorithmus auf eine quadratische Abhängigkeit von der Anzahl der Datenelemente – hier gleich dem Betrag des Gleichungsergebnisses n (vgl. Kapitel 2.3 Klassifikation von Algorithmen).

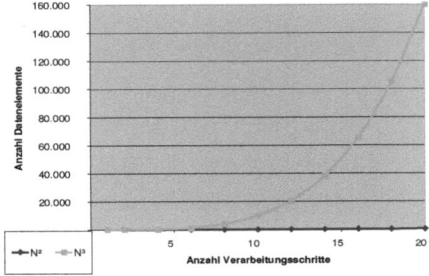

Abbildung 1 – Gegenüberstellung der Laufzeiten von quadratischen und kubischen Algorithmen

In der nebenstehenden Grafik ist das Verhalten der beiden Algorithmen in Hinblick auf die Anzahl der Verarbeitungsschritte abgebildet.

Bereits ab einer Anzahl von 15 Datenelementen liegt die prozentuale Abweichung der Anzahl der Verarbeitungsschritte der nicht-optimierten von der optimierten

Implementierung des Algorithmus bei annähernd 100%. Dieser Zusammenhang ist in Abbildung 2 ebenfalls grafisch dargestellt.

Die Optimierung der inneren Schleife lässt sich jedoch noch weiter auf semantischer Ebene verbessern, indem die Verzweigung überarbeitet wird. Hierzu bedient man sich einer Eigenschaft vieler Programmiersprachen, die die Vorgehensweise bei der Auswertung von Bedingungen betrifft.

So prüft Java bei bedingten Anweisungen alle Bedingungen der Reihe nach auf ihren Wahrheitswert. Da es sich in dem vorliegenden Code-Fragment um eine Verzweigung mit zwei über den AND-Operator verknüpfte Bedingungen handelt, wird der folgende Anweisungsblock nur ausgeführt, wenn beide Bedingungen erfüllt sind. Ist also bereits die erste Bedingung unwahr, folgt dass der gesamte Ausdruck nicht erfüllt ist und die Prüfung der folgenden Bedingung nicht mehr durchgeführt werden muss bzw. durchgeführt wird.

Diese Eigenschaft macht sich auch der dargestellte überarbeitete Quellcode-Auszug zu Nutze:

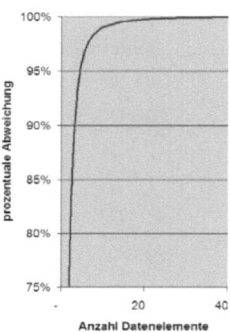

Abbildung 2 – Prozentuale Abweichung der Anzahl der Verarbeitungsschritte der Implementierungen

```
...
    c = n - (a + b);

if ((c >= 0) && (a + b + c == n))
    equation.add(n + "=" + a + "+" + b + "+" + c);
...
```

Implementierung 3 – equationValues (zweite optimierte Version)

Die Reihenfolge der Bedingungen wurde umgestellt, um eine weitere Performanz-Optimierung zu erreichen. Nach der Variablen-Zuweisung bzw. Errechnung des Wertes von c wird nun als erstes in der Verzweigung geprüft, ob c der für die Aufgabenstellung getroffenen Annahme genügt, dass lediglich positive Zahlen in der Ergebnismenge enthalten sein dürfen.

Dies ist sinnvoll, weil die Bedingung ($c >= 0$) ohne weiteren Rechenaufwand sofort überprüft werden kann und nur bei Wahrheit die aufwändigere Bedingung ($a + b + c == n$) noch berechnet und ausgewertet werden muss. Zudem kann diese, noch aus der originären Version des Algorithmus stammende Bedingung auch ganz weggelassen werden, da durch die Kombination der Variablen-Zuweisung und der Bedingung

12

($c >= 0$) die Aufgabenstellung hinreichend beschrieben ist. Die endgültig optimierte Implementierung der inneren Schleife gestaltet sich dann wie folgt:

```
...
c = n - (a + b);

if (c >= 0)
    equation.add(n + "=" + a + "+" + b + "+" + c);
...
```

2.5.2 Algorithmen-Optimierung auf struktureller Ebene

Ein anderer Ansatz der Optimierung von Algorithmen ist die Umprogrammierung einer rekursiven in eine performantere iterative Lösung.

Die Abbildung mathematischer Funktionen wie z.B. der Fibonacci-Reihe wird zumeist über einen rekursiven Algorithmus gelöst. Die folgende Java-Methode zeigt eine mögliche Implementierung des Algorithmus:

```
public static BigInteger zero = BigInteger.ZERO;
public static BigInteger one = BigInteger.ONE;

public static BigInteger fibonacciRekursiv (BigInteger x){

    if (x.equals(zero)) return zero;
    if (x.equals(one)) return one;

    return fibonacciRekursiv(x.subtract(one))
                .add(fibonacciRekursiv(x.subtract(one.add(one))));
}
```

Diese sehr übersichtliche und elegante Lösung ist allerdings aus dem Blickwinkel der Zeit- und Platzkomplexität nicht zu präferieren. Aufgrund der Selbstbezüglichkeit des rekursiven Ansatzes wird das Problem solange vereinfacht bzw. so viele Reinkarnationen der Methode aufgerufen, bis es durch den Basisfall der Rekursion gelöst werden kann.

i	Fibonacci(i)	Laufzeit in ms	
		iterativ	rekursiv
0	0	0	0
5	5	0	0
10	55	0	0
15	610	0	10
20	6.765	0	20
25	75.025	0	80
30	832.040	0	621
35	9.227.465	0	6.329
40	102.334.155	0	70.341
45	1.134.903.170	0	778.019
50	12.586.269.025	0	8.672.901

Tabelle 1 – Gegenüberstellung der Laufzeiten iterativer und rekursiver Algorithmen

Dies führt in dem vorliegenden Beispiel der Fibonacci-Reihe dazu, dass Teillösungen mehrfach berechnet werden müssen, was eine längere Laufzeit bedingt.

13

Des Weiteren bildet sich durch den wiederholten Methodenaufruf ein so genannter Overhead. Damit ist der zusätzliche Mehraufwand für die Ausführung jedes Methodenaufrufs gemeint; z.B. die zusätzliche Speicherbelegung des Stacks für die lokalen Variablen jeder inkarnierten Methode.

Aus diesen Gründen ist eine iterative Umsetzung des Algorithmus der rekursiven Implementierung vorzuziehen.

Um den Performanz-Unterschied zwischen der auf diese Seite abgebildeten iterativen und der vorangegangenen rekursiven Lösungsvariante zu verdeutlichen, sei hier eine empirische Testreihe in Tabelle 1 abgebildet, die die Laufzeiten der beiden Implementierungen ausweist. Auch wenn diese Gegenüberstellung nicht für alle Hardware-Plattformen als repräsentativ gelten kann und ebenfalls mit den in Kapitel 1.2 erwähnten Mess-Schwierigkeiten kämpft, illustriert sie dennoch deutlich die Leistungsdifferenz der beiden Code-Alternativen.

```
public static BigInteger zero = BigInteger.ZERO;
public static BigInteger one = BigInteger.ONE;

public static BigInteger fibonacciIterativ (BigInteger x){

    if (x.equals(zero)) return zero;
    if (x.equals(one)) return one;

    BigInteger f1 = zero;
    BigInteger f2 = one;
    BigInteger fibonacci = zero;

    for (BigInteger i = one; !(i.equals(x)); i = i.add(one)){
        fibonacci = f1.add(f2);
        f1 = f2;
        f2 = fibonacci;
    }

    return fibonacci;
}
```

Implementierung 6 – fibonacciIterativ

3 Implementationen von Algorithmen

Die in diesem Kapitel vorgestellten Algorithmen stellen nur eine Auswahl der heutzutage existierenden Algorithmen dar und decken ebenfalls nur einen schmalen Bereich der möglichen Anwendungsgebiete von Computer-Algorithmen ab.

Des Weiteren werden die folgenden Beispiele nur für einen ganz bestimmten Anwendungsfall betrachtet; für andere Szenarien müsste der jeweilige Algorithmus für eine effiziente Lösung des Problems zumindest angepasst oder besser ein ganz anderer Algorithmus implementiert werden.

Zur Darstellung des Programmcodes – wenn sinnvoll und möglich – wurde die Programmiersprache Java verwendet, da diese für jedermann frei zugänglich und plattform-unabhängig ist sowie durch ihre Verwandtschaft zu anderen Programmiersprachen, wie z.B. die performantere C++-Hochsprache, die Quellcodeauszüge leicht portiert werden können.

3.1 Sortieralgorithmen

Sortierverfahren dienen dazu, um einen Datenbestand in eine wohl definierte Ordnung zu bringen. Gewöhnlich werden dazu Datensätze anhand ihrer Schlüssel in eine numerische und/oder alphabetische Reihenfolge gebracht.

Befinden sich dabei die zu sortierenden Datensätze im Arbeitsspeicher des Computers, handelt es sich um ein „internes Sortierverfahren"[7], wohingegen das „externe Sortierverfahren"[8] auf Dateibasis von Festspeichern operiert. Hauptunterschied zwischen den beiden Sortiermethoden ist die Art des Zugriffs auf den Datenbestand, da bei externen Verfahren sequentiell oder Blockweise vorgegangen werden muss, während interne Verfahren direkten Zugriff auf jeden Datensatz haben.

Neben der Laufzeit ist vor allem die Platzkomplexität ein wichtiger Indikator zur Beurteilung der Leistungsfähigkeit eines Sortieralgorithmus. So verwenden beispielsweise bestimmte Algorithmen für die Sortierung Pointer bzw. Adress-Zeiger auf Speicherzellen, die letztlich auf die jeweiligen Datenfelder in der richtigen Reihenfolge verweisen und benötigen daher für die Zeiger zusätzlichen Speicherplatz. Dieses Verfahren ist besonders bei externen Suchverfahren empfehlenswert, da nicht die eigentlichen Datensätze sortiert werden, sondern lediglich die beschriebenen

---

[7] vgl. Knuth, D. (2002b), S. 74
[8] vgl. ders. (2002b), S. 248

Schlüsselverweise generiert werden und die Reihenfolge der Daten auf dem Festspeicher unangetastet bleibt. Andere Algorithmen reservieren neben dem Speicherplatz zur ihrer Ausführung lediglich soviel zusätzlichen Speicher, wie zur Kopie eines der zu sortierenden Datenelemente benötigt wird.

3.1.1 Der Sortieralgorithmus Quicksort

„The basic idea of the following method is ... that the original sorting problem is reduced [again and again] to two simpler problems [subfiles or partitions of the original file]"[9], die dann alle mit derselben Methode sortiert werden.

Quicksort wählt dazu ein Datenelement, das sog. Pivotelement, nach einem bestimmten Verfahren aus der zu sortierenden Liste an Datenelementen aus und vertauscht es mit dem letzten Element der Datenmenge. Dort wird das Pivotelement sozusagen „festgeschrieben" und dient nur noch Vergleichszwecken. Anschließend wird die Datenliste in zwei Teile partitioniert, wobei die untere Partition alle Elemente kleiner und die obere Partition alle Datenelemente gleich oder größer dem Pivotelement erhält.

Dazu wird zunächst ein Element in der unteren Partition gesucht, welches größer/gleich dem Pivotelement ist. Entsprechend wird in der oberen Partition ein Element gesucht, welches kleiner als das Pivotelement ist. Wurden zwei Elemente gefunden, werden diese dann miteinander vertauscht und somit in die jeweils andere Partition geschrieben. Dieser Vorgang wird fortgesetzt, bis sich die untere und obere Suche treffen.

Nun wird das Pivotelement zwischen den beiden Partitionen eingefügt, indem es mit dem ersten Datenelement der oberen Partition vertauscht wird. Dadurch wird erreicht, dass nun das Pivotelement an der richtigen Position in dem Datenbestand steht – d.h. alle kleineren Datenelemente befinden sich nun in der einen und alle größerer Elemente in der anderen Partition.

Die noch unsortierten Partitionen werden über denselben Algorithmus in noch kleinere Partitionen zerlegt, bis nur noch ein Element in einer jeden Partition vorhanden ist.[10]

---

[9] Knuth, D. (2002b), S. 113f
[10] Weiss, M. A. (1998), S. 272f

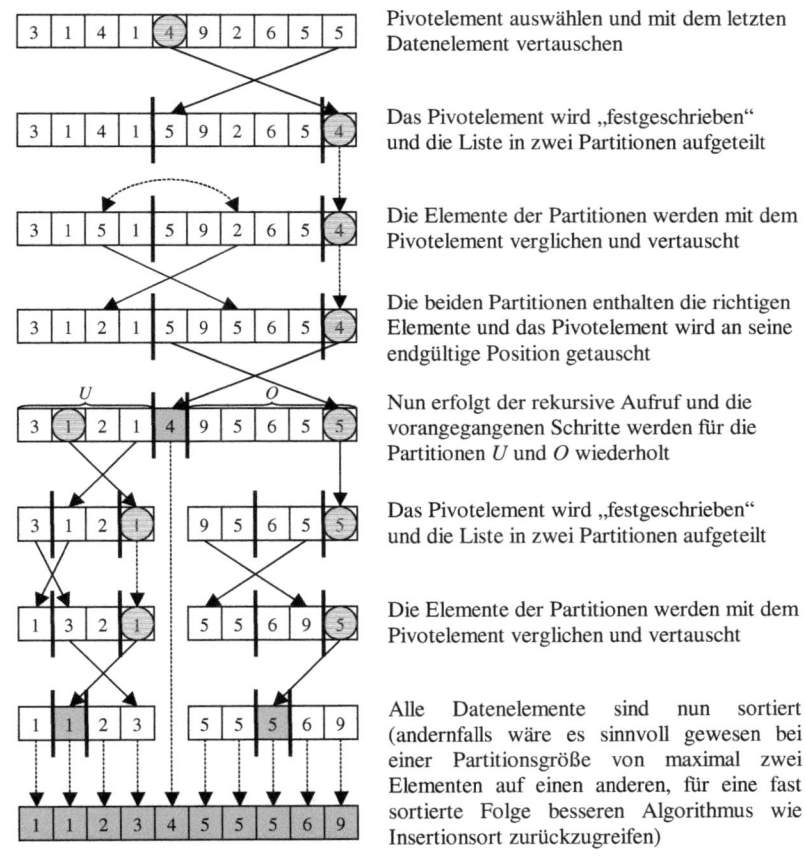

Pivotelement auswählen und mit dem letzten Datenelement vertauschen

Das Pivotelement wird „festgeschrieben" und die Liste in zwei Partitionen aufgeteilt

Die Elemente der Partitionen werden mit dem Pivotelement verglichen und vertauscht

Die beiden Partitionen enthalten die richtigen Elemente und das Pivotelement wird an seine endgültige Position getauscht

Nun erfolgt der rekursive Aufruf und die vorangegangenen Schritte werden für die Partitionen U und O wiederholt

Das Pivotelement wird „festgeschrieben" und die Liste in zwei Partitionen aufgeteilt

Die Elemente der Partitionen werden mit dem Pivotelement verglichen und vertauscht

Alle Datenelemente sind nun sortiert (andernfalls wäre es sinnvoll gewesen bei einer Partitionsgröße von maximal zwei Elementen auf einen anderen, für eine fast sortierte Folge besseren Algorithmus wie Insertionsort zurückzugreifen)

Abbildung 3 – Schaubild der Funktionsweise des Quicksort-Algorithmus[11]

3.1.2   Implementierung des Quicksort-Algorithmus

Die hier vorgestellte Implementierung von Quicksort ist so ausgelegt, dass die komplette Liste von zu sortierenden Datenelementen in die richtige Reihenfolge gebracht wird, ohne dass ab einer bestimmten Partitionsgröße auf einen anderen Algorithmus für die Sortierung der fast sortierten Liste zurückgegriffen wird.

---

[11] Vgl. Preiss, B. R. (1999), S. 521f

17

```
public static void quickSorter(int[] array, int head, int tail){

    if (tail <= head) return;

    int pivotElement = (tail - head + 1) / 2 + head;
    int leftElement = head - 1;
    int rightElement = tail + 1;
    boolean changed = false;

    while (true){
        while (array[++leftElement] < array[pivotElement]);
        while (array[--rightElement] > array[pivotElement]);

        if (leftElement >= rightElement) break;

        changed = swapElements (array, leftElement, rightElement);
                //retruns true if elements are swapped
    }

    if (changed == false){
        quickSorter (array, head, pivotElement-1);
        quickSorter (array, pivotElement+1, tail);
    }
    else
        quickSorter (array, head, tail);
}
```

Implementierung 7 – quickSorter

Das hier abgebildete Coding kommt dabei ohne das Vertauschen und Festschreiben des Pivotelements aus und behandelt es wie jedes andere Datenelement in der Datenmenge. Dies bringt bei bestimmten Verteilungen der Datenelemente Performanz-Vorteile; es kann sich in anderen Fällen allerdings auch nachteilig auswirken.

Der Vorteil des Quicksort-Algorithmus und auch der Grundgedanke seines Entwicklers C. Antony R. Hoare ist die sehr kurze und schnelle innere Schleife.

Wie in dem unteren Teil des Code-Abschnitts ersichtlich, handelt es sich bei Quicksort um einen rekursiven Algorithmus, der nach dem Divide-and-Conquer-Prinzip arbeitet. Dieser Lösungsansatz manifestiert sich darin, dass das Sortierproblem solange durch die rekursiven Methoden-Aufrufe in kleinere Teilprobleme aufgeteilt wird, bis es gelöst ist. Dabei wird der aufgrund der Rekursion zusätzlich benötigte Speicherplatz auf dem Stack in Kauf genommen.

3.2   Schedulingalgorithmen

Unter Scheduling bzw. Zeitablaufsteuerung versteht man die Zuordnung von mengen-
und terminmäßig spezifizierten Aufträgen zu Ressourcen sowie die Bestimmung der
Abarbeitung der anstehenden Aufträge im Zeitverlauf.

Auf dem Gebiet der Informatik werden Schedulingalgorithmen für die Verwaltung
von mehreren Prozessen durch das Betriebssystem eingesetzt. So umfassen
„Echtzeitanwendungen ... üblicherweise mehr Aktivitäten, die auf ihre Ausführung
warten, als Prozessoren vorhanden sind. Folglich teilen sich mehrere Aktivitäten einen
einzigen Prozessor. Die Aufgabe des Schedulers besteht darin, zu entscheiden, welche
Aktivität als nächstes auf dem Prozessor ausgeführt werden soll. Diesen Vorgang
nennt man Scheduling und die dazu verwendete Strategie einen Scheduling-
Algorithmus."[12]

Dabei werden vor allem die folgenden (mit einander in Konflikt stehenden) Ziele beim
Scheduling verfolgt:

- Fairness (die Prozessorzeit soll gerecht verteilt werden),
- Verweilzeit (im Batchbetrieb sollen möglichst schnell Ergebnisse geliefert
  werden),
- Antwortzeit (interaktive Prozesse sollen schnell reagieren können),
- Effizienz (die CPU soll möglichst optimal ausgelastet werden)
- und
- Durchsatz (es sollen so viele Aufträge wie möglich innerhalb einer bestimmten
  Zeitspanne ausgeführt werden).

Diesen Kriterien tragen die unterschiedlichen Schedulingalgorithmen auf ganz
unterschiedliche Art und Weise Rechnung.

3.2.1   Der Round-Robin-Algorithmus (Prioritätsstufenbasiert)

Der Round-Robin-Schedulingalgorithmus beispielsweise teilt den anstehenden
Prozessen nach dem Zeitscheibenverfahren ein definiertes Zeitintervall zu und führt
die Prozesse dann in einer festgelegten Reihenfolge (einer Warteschlange) für den
definierten Zeitraum aus. Reicht diese Zeitspanne für die Ausführung und den

---

[12] Kratz, A. (Hrsg.) (2004), http://www.uni-koblenz.de/, Stand: 07.04.2005

Abschluss des Prozesses nicht aus, wird dieser wieder am Ende der Warteschlange aufgenommen und dann später weiter verarbeitet.

Bei Algorithmen, die das Prioritätsscheduling implementieren, werden den jeweiligen Prozessen statisch oder dynamisch (d.h. mit der Ausführungszeit abnehmende) Prioritätskennzahlen zugewiesen. Es wird dann nur der lauffähige Prozess mit der höchsten Priorität zur Ausführung gebracht.

Über eine intelligente Prioritätenvergabe durch die Algorithmen können verschiedene Systemziele erreicht werden; z.b. Prozessprioritäten bei Prozessen mit starkem I/O dynamisch zu vergrößern, um so die Interaktivität des Systems zu verbessern.

Des Weiteren ist auch eine Einteilung von Prozessen in Prioritätenklassen denkbar, die dann nach dem Round-Robin-Verfahren ge-scheduled werden.

3.2.2 Implementierung des prioritätenbasierten Round-Robin-Algorithmus

Die Virtual Machine (VM) der Programmiersprache Java verwendet als Standard-Scheduling-Modell das so genannte Green-Thread-Modell, nachdem die VM die in einer Java-Applikation erzeugten Threads eigenständig verwaltet – das Betriebssystem übernimmt also keinerlei Scheduling-Aufgaben. Dabei handelt es sich um ein prioritätenbasiertes Scheduling ohne das Round-Robin-Verfahren.

Damit zum einen das Aushungern eines Threads (thread-starvation) verhindert und zum anderen das Kriterium der Fairness beim Wechsel zwischen rechenintensiven Threads sichergestellt wird, kann folgende Java-Klasse[13] für das Scheduling eingesetzt werden:

```
public class CPUScheduler extends Thread{

    private int timeslice; //milliseconds thread should run
    private CircularList threads; //all scheduled threads
    public volatile boolean shouldRun = false; //Exit-Flag

    public CPUScheduler(int t){
        threads = new CircularList();
        timeslice = t;
    }

    public void addThread(Thread t){
        threads.insert(t);
        t.setPriority(2);
    }
```

---

[13] Vgl. Conrath, M. (Hrsg.) (2000), http://pdv.cs.tu-berlin.de, Stand: 03.05.2005

```
public void removeThread(Thread t){
    t.setPriority(5);
    threads.delete(t);
}

public void scheduler(){
    Thread current;
    setPriority(6);

    while (shouldRun){
        current = (Thread) threads.getNext();

        if (current == null) return;

        current.setPriority(4);

        try{
            Thread.sleep(timeslice);
        }
        catch (InterruptedException ie){};

        current.setPriority(2);
    }
}
}
```

Implementierung 8 – scheduler

Grundidee dieser Implementierung ist ein Timer, der als hoch priorisierter Thread unendlich oft wiederholt wird und periodisch die „CPU-intensiven Threads unter die Priorität der anderen meist blockierten [ausgehungerten] Threads"[14] herabstuft.

Zudem enthält dieser Timer noch einen Scheduler, der die zu verwaltenden Threads in drei Prioritätsstufen einteilt und somit bestimmten threads bevorzugt Rechenzeit zur Verfügung stellt.

3.3   Suchalgorithmen

Aufgabe von Suchalgorithmen ist das Auffinden eines bzw. mehrerer Datenelementes/-elemente in einem Datenbestand. Die Menge aller möglichen Lösungen eines Suchproblems wird als Suchraum bezeichnet. Als Ergebnis kann entweder die genaue Position des jeweiligen Datenelementes in der Datenmenge beschrieben oder auch lediglich dessen Vorhandensein angegeben werden. In Abhängigkeit von der Datenstruktur der vorliegenden Menge an Elementen können einfache Suchalgorithmen in drei Gruppen unterteilt werden.

---

[14] Conrath, M. (Hrsg.) (2000), http://pdv.cs.tu-berlin.de, Stand: 03.05.2005

Zum einen gibt es die Algorithmen für die Suche in Listen. Im einfachsten Fall werden hier alle Listelemente sequentiell durchlaufen und übergeprüft, ob sie der Suchbedingung entsprechen. Ein effektiveres Verfahren für die Suche in Listen ist die binäre Suche, welche unter der Voraussetzung eines sortierten Datenbestandes und wahlfreiem Zugriff auf die Datenelemente nach dem Prinzip der Intervallschachtelung arbeitet. Bei einer gleichverteilten Datenmenge kann die Suche noch einmal beschleunigt werden, indem man mit dem Verfahren der Interpolationssuche den Suchraum im Gegensatz zu der binären Suche nicht stets in der Mitte teilt, sondern einen günstigeren Teilungspunkt anhand des Listindex interpoliert.

Die zweite Gruppe von Suchverfahren ist die Suche in Bäumen, die sich durch ihren Aufbau besonders bei der Suche in großen Datenbeständen eignet.

Als Bäume werden in der Informatik „dynamische Datenstrukturen zur hierarchischen Speicherung"[15] verstanden. So gibt es beispielsweise die Struktur des Binärbaums, der sich dadurch auszeichnet, dass jeder Knoten höchstens zwei Kinder besitzt. Der ganze Baum ist dabei nach einem Schlüssel sortiert, so dass alle Knoten die sich im linken Teilbaum befinden kleiner und alle die sich im rechten Teilbaum befinden größer als der betrachtete Knoten sind. Ist ein Binärbaum vollständig (d.h. alle Blätter besitzen die gleiche Tiefe) und der Abstand von der Wurzel zweier wahlfreier Blätter differiert um maximal eine Ebene, liegt ein vollständiger balancierter Binärbaum vor. Eine weitere Baumart sind B-Bäume, die wegen ihrer Eigenschaften der Ausgeglichenheit und „mehrerer sortierter Schlüsselwerte bzw. Such- und/oder Datenreferenzen"[16] pro Knoten in vielen Dateisystemen und relationalen Datenbanken eingesetzt werden, weil sie konstante Zugriffszeiten garantieren.

Die Erhaltung und Pflege der jeweiligen Baumstruktur ist jedoch mitunter sehr aufwändig und wird zumeist, wie auch die jeweiligen Suchverfahren, mit Hilfe rekursiver Algorithmen realisiert. Diese Algorithmen sind allerdings vor allem in Verbindung mit der ausgeglichenen Baum-Datenstruktur sehr performant: „Algorithmen für binäre Suchbäume sind für eine breite Palette von Anwendungen geeignet, zeigen aber für den ungünstigsten Fall ein schlechtes Leistungsverhalten ... [was] zu linearen Suchzeiten ... führen"[17] kann. Für ausgeglichene Bäume liegt die Anzahl der Suchoperationen hingegen unter dem binären Logarithmus der Anzahl der Datenelemente plus eins (Anzahl Suchoperationen $> \log_2 N + 1$).

---

[15] Ernst, H. (2000), S. 585
[16] Vgl. Dumke, R. (o.A.) (o.A.), http://ivs.cs.uni-magdeburg.de, Stand: 12.05.2005
[17] Sedgewick, R. (2003), S. 593

Zum anderen gibt es noch die Suche in Grafen, die als Erweiterung der Algorithmen für Suchbäume angesehen werden kann. Solche Suchalgorithmen lösen z.B. grafentheoretische Aufgabenstellungen wie das Problem des kürzesten Weges, welches u. a. für das Routing in IP-Netzwerken mit Hilfe des OSPF-Protokoll (Open Shortest Path First)[18] in Anlehnung an den Dijkstra-Algorithmus von Bedeutung ist.

Der Bereich der Suchalgorithmen erstreckt sich noch über viele andere Fachgebiete. So werden beispielsweise in der Medizin genetische Algorithmen eingesetzt oder betriebliche Entscheidungsprozesse durch die Anwendung von Data-Mining-Algorithmen auf die Datenbestände eines Data Warehouses[19] unterstützt. Auch die Ranking-Algorithmen von Suchmaschinen können der Klasse der Suchalgorithmen zugeschrieben werden.

Ein weiterer sehr bedeutender Anwendungsbereich von Algorithmen in der Informatik ist im Rahmen der Verarbeitung von Zeichenketten die Suche in Zeichenfolgen nach bestimmten Textmustern.

3.3.1 Der Suchalgorithmus nach Boyer-Moore

Der Boyer-Moore-Algorithmus ist ein Vertreter dieser Suchalgorithmen und arbeitet nach dem so genannten „pattern matching (Musteranpassung) Verfahren, bei dem das Auftreten eines Musters innerhalb eines Textes"[20] untersucht bzw. bestimmt wird.

Grundgedanke des Suchverfahrens nach R. S. Boyer und J. S. Moore ist es, das sequentielle Durchlaufen einer Zeichenkette und den zeichenweisen Vergleich mit dem Suchmuster dadurch zu beschleunigen, dass die Position in der zu durchsuchenden Zeichenfolge an der bei Nicht-Übereinstimmung mit dem Suchmuster weiter gesucht werden soll, sowohl auf „Basis des die Nicht-Übereinstimmung verursachenden Zeichens im Text als auch auf Basis des [Such-]Musters"[21] getroffen wird.

Dazu wird das Suchmuster stets von hinten nach vorne mit der Zeichenkette verglichen – d.h. es wird immer zuerst überprüft, ob das letzte Zeichen des Suchmusters mit einem Zeichen aus dem Suchtext übereinstimmt.

---

[18] Vgl. Moy, J. (IETF) (1998), http://www.ietf.org, Stand: 13.05.2005
[19] Vgl. Tillmanns, C (Hrsg.) (2003): http://eldorado.uni-dortmund.de, Stand: 17.05.2005
[20] Vgl. Sedgewick, R. (1992), S. 326
[21] Ders. (1992), S. 335

Stimmen die Zeichen überein, wird Zeichen für Zeichen kontrolliert, ob die vorangehenden Zeichen ebenfalls miteinander übereinstimmen und bei vollständiger Übereinstimmung aller Zeichen des Suchmusters die Position im Suchtext zurückgeliefert.

Liegt jedoch keine Übereinstimmung vor, wird getestet, ob das Zeichen des Suchtextes in dem Suchmuster vorkommt und wenn ja, in Abhängigkeit von seiner Position in dem Suchmuster die nächste Suchposition in dem Suchtext festgelegt.

In der nachfolgenden Abbildung sind beispielhaft die einzelnen Schritte des Algorithmus für den Suchtext „Dies ist eine Zeichenfolge zu Demonstrations*zweck*en." mit dem Suchmuster „zweck" dargestellt.

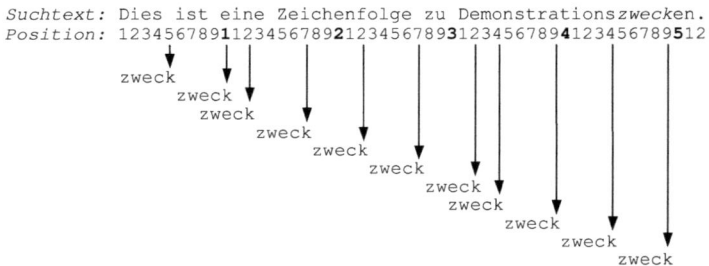

Abbildung 4 – Beispiel der Funktionsweise des Boyer-Moore Algorithmus

Zuerst wird das letzte Zeichen des Suchmusters „zweck" (also „k") mit dem fünften Zeichen des Suchtextes („ ") verglichen und weder eine Überstimmung mit diesem Zeichen noch mit anderen Zeichen des Suchmusters festgestellt.

Anschließend wird an der Stelle 10 des Suchtextes die Suche fortgesetzt. Auch hier liegt keine Übereinstimmung mit dem rechten bzw. letzten Zeichen des Suchmusters vor, jedoch aber mit dem dritten („e"). Daraufhin wird die Suchposition so definiert, dass im dritten Schritt das Suchmuster mit dem Suchtext an der Stelle des Zeichens „e" übereinstimmt und der beschriebene Pattern-Matching-Prozess wiederholt.

3.3.2 Implementierung des Boyer-Moore-Algorithmus

Der vorliegende Quellcode zeigt eine mögliche Implementierung eines Suchalgorithmus nach dem Ansatz von Boyer-Moore, der die oben beschriebene Funktionsweise exakt abbildet:

```java
public static int patternMatching (String text, String pattern){

    int t = text.length() - 1,
        p = pattern.length() - 1,
        skip = 1;

    for (int i = p; i <= t; i+=skip){
        if (text.charAt(i) == pattern.charAt(p)){
            int x = i,
                y = p;

            do{
                if (y == 0) return i - p;
            } while(text.charAt(--x) == pattern.charAt(--y));
        }

        int z = -1;
        while (text.charAt(i) != pattern.charAt(++z) && z != p);
        skip = (p - z > 0) ? p - z : p + 1;
    }
    return -1;
}
```

Implementierung 9 – patternMatching

Für das vorangegangene Beispiel gibt der Algorithmus nach Überprüfung von 11 Positionen im Suchtext die Fundstelle des Suchmusters aus.

4 Suchalgorithmen für das Information Retrieval

Einige der in den vorangegangenen Kapiteln diskutierten Algorithmen können in mannigfaltiger Weise für die Zwecke des Information Retrieval (IR) eingesetzt werden.

So werden z. B. Sortierverfahren wie der Quicksort-Algorithmus oder Hashing-Algorithmen für das Aufbereiten und Indizieren der Datenbestände für eine effiziente Suche verwendet, wohingegen Suchalgorithmen wie der vorgestellte Boyer-Moore-Algorithmus für die Suche in den Datenbeständen eingesetzt werden können.

Solche harten Pattern-Matching-Algorithmen sind allerdings im Rahmen des IR zum Auffinden inhaltlich zusammenhängender Informationen anhand von Schlagworten weniger geeignet, da diese Suchverfahren lediglich nach einem ganz bestimmten Muster suchen. Ziel des IR ist es jedoch „das Auffinden von an sich bekannter Fachinformation mit der notwendigen Vollständigkeit, Genauigkeit und Wichtung."[22] Dazu müssen auch inhaltlich verwandte Informationen, als auch vom Suchbegriff abweichende Begriffe, für die Suche als relevant erkannt und entsprechend bewertet werden können.

4.1 Indexbasierte Suche vs. Online-Suche

Für die Suche in einem Datenbestand gibt es prinzipiell zwei Verfahrensweisen.

Bei der indexgestützten Suche wird vor dem eigentlichen Suchvorgang der Suchraum indiziert. Das heißt, es wird aus den „vorhandenen Daten ... [zuerst] eine für [die] Suchanfragen geeignete[, zusätzliche] Datenstruktur (Index) erstellt"[23] und dann für die Beantwortung der eingehenden Suchanfragen verwendet.

Ein Online-Suchverfahren greift hingegen direkt auf den Datenbestand zu und analysiert ihn für jede Suchanfrage sequentiell.

---

[22] Schramm, R (TU Illmenau/PATON) (2004): http://www.tu-ilmenau.de, Stand: 18.05.2005, S. 10
[23] Wenig, M (Universität Stuttgart) (2003): ftp://ftp.informatik.uni-stuttgart.de, Stand: 19.05.2005, S. 16

4.2 Methoden von Suchalgorithmen für die Volltextsuche beim Information Retrieval

Unter der Annahme, dass es sich bei den verwalteten Informationen lediglich um Texte handelt, ist es notwendig, einen Suchalgorithmus zur Volltextsuche zu implementieren, der die Affinität von Texten mit Schlüsselwörtern bestimmt und somit eine Aussage über deren inhaltlichen Zusammenhang treffen kann.

Ein möglicher Ansatz für einen solchen Suchalgorithmus für eine unscharfe Suche ist die Wortstammsuche, das sogenannte Stemming. Hier werden die Wörter des Textes auf ihre einheitlichen Stammformen reduziert und so versucht, mit dem Suchbegriff bzw. dessen Stammform verwandte Worte in die Suche einzubeziehen. Stemming-Algorithmen sind aufgrund der Grammatik bzw. Eigenarten jeder einzelnen Sprache jedoch sprachabhängig und besonders für komplexe Sprachen wie Deutsch nur mit großem Aufwand zu implementieren, um alle existieren Spezialfälle abzudecken. Daher verwenden die meisten „Stemmer" für die Indizierung des Datenbestands heuristische Regeln und nehmen Fehler in Kauf.

Eine andere Möglichkeit, die Übereinstimmung von Texten zu ermitteln ist die Berechnung und Auswertung der Levenshtein-Distance zweier Zeichenketten. Sie gibt die Anzahl der minimal nötigen Einfügungen, Löschungen und Änderungen an, um ein Wort in ein anderes Wort umzuwandeln. Dieses Verfahren wird oft auch als Fehlertolerante- bzw. Fuzzy-Suche bezeichnet, weil sie Abweichungen zwischen den Suchbegriffen und Textwörtern zulässt und die Größe der Abweichung zur Auswertung verwendet. Unterschreitet also der Betrag der Levenshtein-Distance zweier Wörter einen bestimmten Schwellwert, kann angenommen werden, dass die Wörter in einem inhaltlichen Zusammenhang stehen.

4.2.1 Methode des zu entwickelnden Suchalgorithmus für die Volltextsuche beim Information Retrieval

Der Kerngedanke des in dieser Arbeit zu entwickelnden Suchalgorithmus ist das Zerlegen des Schlüsselwortes in Polygramme. Dies sind Buchstaben-Tupel des Schlüsselwortes, die dann mit jedem einzelnen Wort des Suchtextes verglichen und hinsichtlich ihrer Affinität zum Suchtext wortweise bewertet werden.

Dabei handelt es sich um ein online Suchverfahren, welches keine vorherige Indizierung des Datenbestandes benötigt und sich somit speziell für kleine bis mittlere Textmengen eignet, die häufig aktualisiert werden. Ein Einsatz als Indizierungsverfahren wäre jedoch auch denkbar.

Dieser Ansatz bietet ein hohes Maß an Flexibilität bei der Ermittlung der Übereinstimmung der zu durchsuchenden Zeichenkette mit dem Suchbegriff, weil der Suchalgorithmus einerseits unabhängig von der Sprache, in der die Textvorlage verfasst ist, eingesetzt werden kann und andererseits auch bei verschiedenen Flexionsformen eines Suchbegriffes gute Resultate erzielt.

Um die Suchergebnisse noch zu verbessern, wird vor der Anwendung des Suchalgorithmus noch der zu durchsuchende Text dahingehend aufbereitet, dass inhaltlich für die Suche nicht relevante Wörter und Zeichen aus dem Suchtext entfernt werden und zudem zwischen „normalen" Wörtern und Abkürzungen bei der Suche unterschieden wird.

Des Weiteren können, nachdem die Suche abgeschlossen wurde, über die passenden Methoden der Klasse ASSearchEngine die Suchergebnisse selektiert und dann bewertet werden.

4.2.2 Implementierung des zu entwickelnden Suchalgorithmus für die Volltextsuche beim Information Retrieval

Zum eingehenden Verständnis des zu entwickelnden Suchalgorithmus ist dessen Funktionsweise und Implementierung in Anhang A ausführlich dargestellt. Zudem kann in Anhang B der komplette Quellcode eingesehen werden.

Der Suchalgorithmus wurde dabei in Java implementiert, da er ursprünglich speziell für den Einsatz in Web-Anwendungen, die auf dem Java-Struts-Framework basieren, eingesetzt und unter der Bedingung minimaler Software-Lizenzgebühren entwickelt wurde.

Außerdem ist der Quellcode so über eine Vielzahl von frei verfügbaren Klassen erweiterbar, die z. B. das Einlesen und in Verbindung mit dem zu entwickelnden Suchalgortihmus auch Durchsuchen von verschiedensten Datei-Arten (wie z. B. pdf-Dokumenten) ermöglichen.

5 Quellenverzeichnis

5.1 Internet-Quellenverzeichnis

Conrath, Markus (Hrsg.) (2000): Scheduling in Java – JAVA und JINI für eingebettete Systeme, http://pdv.cs.tu-berlin.de/alte-lv-orga-ordner/JavaJini-WS2000/documents/ Scheduling_ausarbeitung.pdf, Stand: 03.05.2005

Dumke, R. (o.A.) (o.A.), Einführung in Algorithmen und Datenstrukturen – B-Bäume, http://ivs.cs.uni-magdeburg.de/~dumke/EAD/Skript36.html, Stand: 12.05.2005

Ferber, Reginald (Hrsg.) (2003): Information Retrieval – Suchmodelle und Data-Mining-Verfahren für Textsammlungen und das Web, http://information-retrieval.de, Stand: 22.03.2005

Kratz, Andrea (Hrsg.) (2004): Der DASA Algorithmus – Scheduling Dependent Real-Time Activities, http://www.uni-koblenz.de/~zoebel/ws2004/DASA.pdf, Stand: 07.04.2005

Moy, J. (IETF) (1998): OSPF Version 2, http://www.ietf.org/rfc/rfc2328.txt, Stand: 13.05.2005

Schramm, Reinhard (TU Illmenau/PATON) (2004): Grundlagen des Information Retrieval Wissenschafts-, Technik- und Wirtschaftsdatenbanken, http://www.tu-ilmenau.de/site/paton/fileadmin/template/paton/div/lb1.pdf, Stand: 18.05.2005

Tillmanns, Christoph (Hrsg.) (2003): Data Mining zur Unterstützung betrieblicher Entscheidungsprozesse, http://eldorado.uni-dortmund.de:8080/FB11/ls8/forschung/ 2003/Tillmanns/Tillmannsunt.pdf, Stand: 17.05.2005

Wenig, Michael (Universität Stuttgart) (2003): Entwicklung eines Konzeptes zur Volltextsuche in semantischen Netzen, ftp://ftp.informatik.uni-stuttgart.de/pub/library/medoc.ustuttgart_fi/DIP-2078/DIP-2078.pdf, Stand: 19.05.2005

5.2   Literaturverzeichnis

Ernst, Hartmut (2000): Grundlagen und Konzepte der Informatik, 2. Auflage, Vieweg Verlag 2000

Knuth, Donald E. (2002a): The Art of Computer Programming. Vol. 2 Seminumerical Algorithms, 3. Auflage, Addison-Wesley 1998

Knuth, Donald E. (2002b): The Art of Computer Programming. Vol. 3 Sorting and Searching, 2. Auflage, Addison-Wesley 1998

Preiss, Bruna R. (1999): Data structures and algorithms with object oriented design patterns in C++, John Wiley & Sons 1999

Sedgewick, Robert (1992): Algorithmen in C, 1. Auflage, Addison-Wesley 1992

Sedgewick, Robert (2003): Algorithmen in Java Teil 1-4, 3. Auflage, Person Education, Inc. 2003

Weiss, Mark Allen (1998): Data structures and algorithm analysis in C++, 2. Auflage, Addison-Wesley 1999